LOS MEJORES DEPORTES

DE LA ESCUELA SECUNDARIA

FÚTBOL AMERICANO

Un libro de Las Ramas de Crabtree

ESCRITO POR THOMAS KINGSLEY TROUPE
TRADUCCIÓN DE SANTIAGO OCHOA

CRABTREE
Publishing Company
www.crabtreebooks.com

Apoyo escolar para cuidadores y maestros

Este libro de alto interés está diseñado para motivar a los estudiantes dedicados con temas atractivos, mientras desarrollan la fluidez, el vocabulario y el interés por la lectura. A continuación se presentan algunas preguntas y actividades para ayudar al lector a desarrollar sus habilidades de comprensión.

Antes de leer:

- *¿De qué pienso que trata este libro?*
- *¿Qué sé sobre este tema?*
- *¿Qué quiero aprender sobre este tema?*
- *¿Por qué estoy leyendo este libro?*

Durante la lectura:

- *Me pregunto por qué...*
- *Tengo curiosidad de saber...*
- *¿En qué se parece esto a algo que ya conozco?*
- *¿Qué he aprendido hasta ahora?*

Después de leer:

- *¿Qué intentaba enseñarme el autor?*
- *¿Cuáles son algunos detalles?*
- *¿Cómo me ayudaron las fotografías y los pies de foto a entender más?*
- *Vuelve a leer el libro y busca las palabras del vocabulario.*
- *¿Qué preguntas tengo aún?*

Actividades de extensión:

- *¿Cuál fue tu parte favorita del libro? Escribe un párrafo sobre ella.*
- *Haz un dibujo de lo que más te gustó del libro.*

ÍNDICE

¡COMPLETAMENTE ABIERTO! 4
Historia del fútbol americano 6
Temporada de fútbol americano 8
Equipos de fútbol americano de la escuela secundaria 10
Fundamentos del juego 12
Posiciones del fútbol americano: ofensiva 14
Posiciones del fútbol americano: defensa 16
Posiciones del fútbol americano: equipos especiales 18
Equipamiento y uniformes 20
Práctica y entrenamiento 22
La jerga del fútbol americano 24
Eliminatorias y torneos estatales 26
Conclusión 28
Glosario 30
Índice analítico 31
Sitios web para visitar 31
Sobre el autor 32

¡COMPLETAMENTE ABIERTO!

El balón es lanzado y corres hacia el campo de juego, levantando la hierba con tus **tacos**. Cortas a la izquierda. No hay ningún defensor cerca. Miras hacia arriba y ves el balón venir en espiral hacia ti. Atrapas el balón con un salto rápido. ¡Primer *down*!

¡Ponte las hombreras y el casco! Estamos a punto de saber por qué el fútbol americano se encuentra entre los... MEJORES DEPORTES DE LA ESCUELA SECUNDARIA.

DATO CURIOSO

El fútbol americano es considerado el deporte más popular en Estados Unidos.

HISTORIA DEL FÚTBOL AMERICANO

En comparación con otros deportes, el fútbol americano es bastante nuevo. Nació a partir de dos deportes ya existentes, el **rugby** y el fútbol. Jugadores de dos universidades celebraron el primer partido en New Brunswick, Nueva Jersey, el 6 de noviembre de 1869.

McGill contra Harvard, 1874

El juego se puso de moda y sus reglas **evolucionaron**. En lugar de patear el balón por el campo de juego, como en el fútbol, los jugadores lo llevaban consigo.

Walter Camp fue el hombre al que muchos se refieren como el «padre del fútbol americano». Desarrolló diferentes reglas y posiciones de equipo que cambiaron el juego. Camp también introdujo los mariscales de campo, la línea de golpeo y el sistema de puntuación. Gracias a su amor por este deporte, el fútbol americano cambió para bien.

TEMPORADA DE FÚTBOL AMERICANO

En muchas escuelas secundarias, la temporada de fútbol americano comienza en otoño, al principio del año escolar, y se juega hasta el principio del invierno. Normalmente no hay más de diez partidos por temporada, a menos que el equipo **clasifique** para el campeonato.

El fútbol americano era antes un deporte solo para chicos, pero en los últimos años cada vez hay más chicas que lo practican.

DATO CURIOSO

Durante el año escolar 2018-2019, un récord de 2 404 niñas jugaron en equipos de fútbol americano de escuela secundaria.

EQUIPOS DE FÚTBOL AMERICANO DE LA ESCUELA SECUNDARIA

Las escuelas secundarias suelen tener al menos dos equipos de fútbol americano, dependiendo del tamaño de la escuela. El equipo universitario suele estar formado por estudiantes de tercer y cuarto año. Los atletas más fuertes de la escuela terminan jugando en el nivel universitario.

Equipo universitario *junior*

Equipo universitario

Los equipos universitarios *junior* suelen estar formados por estudiantes de primer y segundo año, lo que les da la oportunidad de jugar. Los atletas que se destacan en este nivel suelen pasar al nivel universitario.

El fútbol americano de escuela secundaria utiliza el mismo tamaño de balón que los utilizados en los partidos de la Liga Nacional de Fútbol Americano (NFL, por sus siglas en inglés).

FUNDAMENTOS DEL JUEGO

El concepto del fútbol americano es sencillo. Llevar el balón a la zona de anotación para marcar. El equipo ofensivo tiene cuatro intentos, o «downs», para avanzar. El equipo defensivo intenta detenerlos.

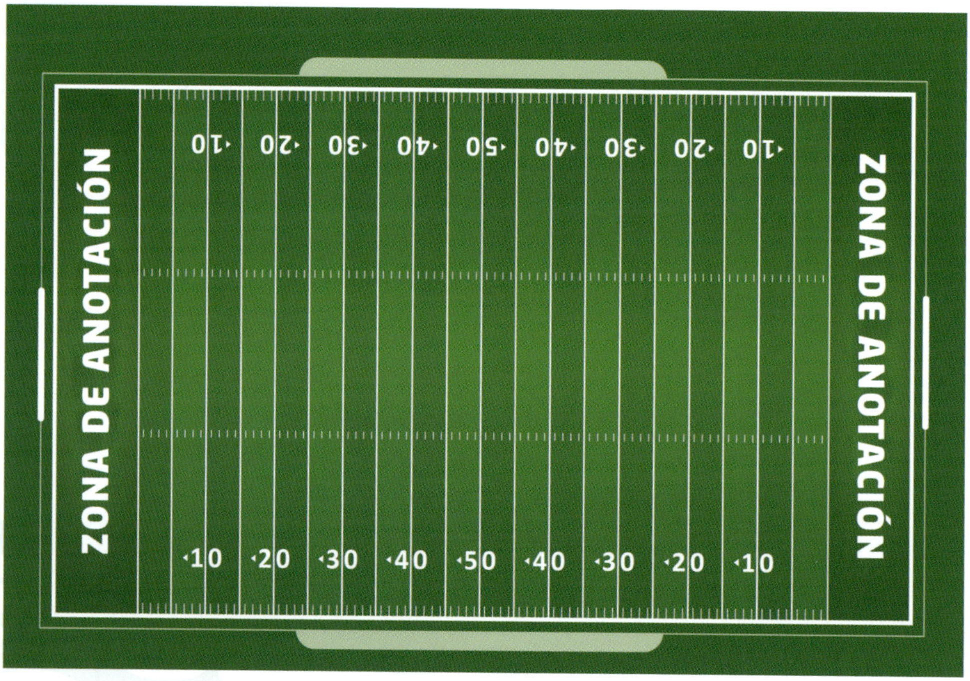

DATO CURIOSO

En el fútbol canadiense, el **ataque** solo puede hacer tres *downs* para avanzar 10 yardas. El fútbol de Estados Unidos utiliza cuatro *downs*.

Se otorgan seis puntos al equipo que logre llevar el balón a la zona de anotación. Se concede un punto extra por patear el balón a través de los **postes de la portería**. Los árbitros mantienen sus silbatos listos para detener el partido si ven una falta en el campo de juego.

POSICIONES DEL FÚTBOL AMERICANO: OFENSIVA

Las posiciones pueden variar en un equipo de fútbol americano. Esta es una alineación estándar para el ataque:

Centro: Pasa el balón al mariscal de campo para comenzar la jugada.

Línea ofensiva (4): Dos guardias y dos placadores que funcionan como un muro para proteger al mariscal de campo.

Mariscal de campo: El jugador que recibe y decide qué hacer con el balón. Puede pasarlo, entregarlo o correr con él.

Corredor: Puede correr con el balón por el centro o por los lados del campo.

Zaguero: Bloquea a los jugadores defensivos para que no plaquen al corredor.

Receptor abierto: Jugadores que corren por el campo para recibir los pases del mariscal de campo.

Ala cerrada: Jugador que bloquea en las jugadas de carrera y puede recibir pases.

MARISCAL DE CAMPO

RECEPTOR ABIERTO

CENTRO

Hay otras posiciones que se pueden intercambiar, dependiendo de lo que se necesite en el campo de juego. Una de ellas es la del zaguero medio, que puede correr con el balón y bloquear. Otra es la de extremos divididos, que puede correr con el balón o desviar la atención de los jugadores defensivos hacia otro lado. ¡A los equipos de fútbol americano de escuelas secundarias les gusta usar extremos divididos para crear confusión en el equipo contrario!

POSICIONES DEL FÚTBOL AMERICANO: DEFENSA

Una gran **defensa** es la clave para ganar partidos. Esta es la alineación defensiva:

Línea defensiva (4): Dos placadores defensivos y dos extremos defensivos que corren hacia el mariscal de campo para detener las jugadas de pase. También atacan a los jugadores que corren con el balón.

Apoyador (3): Su misión es detener a los corredores del balón y atrapar los pases destinados a los receptores. También pueden placar, o «capturar», al mariscal de campo.

Esquinero (2): Estos dos jugadores permanecerán pegados a los receptores ofensivos del equipo contrario para asegurarse de que no atrapen sus pases.

Profundos (2): Estos jugadores suelen estar posicionados para detener los pases y como red de seguridad para los corredores que «se alejen».

PROFUNDO

ESQUINERO

APOYADOR

LÍNEA DEFENSIVA

POSICIONES DEL FÚTBOL AMERICANO: EQUIPOS ESPECIALES

Los equipos especiales son los jugadores que están en el campo de juego durante las patadas. Participan en las patadas de salida, los **despejes**, los goles de campo y los intentos de puntos extra.

Aunque no están en el campo tan a menudo como la ofensiva o la defensa, los equipos especiales pueden cambiar el resultado de un partido de fútbol americano.

PATEADOR DE DESPEJE

PATEADOR

Si la ofensiva de un equipo no es capaz de mover el balón cerca del territorio del primer *down* al final de la tercera jugada, podrían querer hacer un despeje en lugar de usar su último *down*. Esto les permite patear el balón más abajo en el campo, forzando a la defensa contraria a comenzar más atrás de la zona de anotación.

EQUIPAMIENTO Y UNIFORMES

El fútbol americano de la escuela secundaria es un deporte duro y pueden producirse lesiones si no se tienen los equipos adecuados. Los cascos protegen la cabeza de los jugadores y las hombreras hacen que las entradas sean menos dolorosas. Los tacos evitan los resbalones en la hierba. Los jugadores llevan protectores bucales para evitar lesiones en los dientes y la boca.

Las camisetas de fútbol americano muestran el número y el apellido del jugador en la espalda. Los pantalones con almohadillas incorporadas protegen las piernas del jugador.

DATO CURIOSO

Dick Plasman fue el último jugador de la NFL que jugó fútbol americano sin casco. Jugó sin protección en la cabeza desde 1937 hasta 1941. Cuando regresó del ejército para jugar en 1943, los cascos se habían vuelto **obligatorios**.

PRÁCTICA Y ENTRENAMIENTO

La mayoría de las escuelas secundarias comienza los campamentos de entrenamiento de fútbol americano un mes, o más, antes del comienzo de las clases. Pueden ser días largos y duros, planeados para llevar a los jugadores a sus límites. El objetivo es que los entrenadores formen un equipo con sus 22 mejores jugadores.

Durante el año escolar, los entrenamientos se realizan después de la escuela. Los entrenadores trabajarán con los jugadores en jugadas ofensivas, estrategias defensivas y para afinar las habilidades.

LA JERGA DEL FÚTBOL AMERICANO

Como la mayoría de los deportes, el fútbol americano está cargado de frases extrañas que pueden no tener sentido al principio. Estas son algunas para empezar:

Blitz: Más del número habitual de jugadores defensivos que trabajan para confundir y asustar al mariscal de campo del equipo contrario.

Zona de anotación: Los extremos del campo a los que la ofensiva intenta llegar para anotar.

Hail Mary: Un pase largo y desesperado con pocas posibilidades de que alguien lo atrape.

Intercepción: Cuando la defensa atrapa un balón destinado a un jugador ofensivo.

Línea de golpeo: La línea imaginaria donde se coloca el balón para cada jugada. Nadie puede cruzar la línea de golpeo hasta que el balón sea lanzado.

Tacleado: Cuando el mariscal de campo es placado antes de que pueda pasar o entregar el balón.

TACLEO

LÍNEA DE GOLPEO

ELIMINATORIAS Y TORNEOS ESTATALES

Los equipos de fútbol americano de las escuelas secundarias suelen competir con otras escuelas para ver qué equipo es el mejor. Las escuelas pueden participar en las eliminatorias y **torneos** estatales o provinciales.

Los equipos se dividen en categorías, en función del número total de alumnos de la escuela. Esto significa que las escuelas más pequeñas se enfrentan a otras más pequeñas. ¡Esto permite que las escuelas de todos los tamaños compitan de manera justa!

DATO CURIOSO

La escuela secundaria Saint Thomas Aquinas de Fort Lauderdale, Florida, ha ganado 12 campeonatos estatales desde 1992 hasta 2020.

CONCLUSIÓN

El fútbol americano es uno de los deportes más duros y emocionantes en los que participan los estudiantes de secundaria. Se necesita fuerza, velocidad y habilidad para llegar a la cima. Los aficionados siempre llenan las gradas en los partidos de fútbol americano.

¿Correrás bajo los focos y en el campo de juego? Quizá tú y tu equipo ganen el torneo. Con trabajo duro y determinación, verás por qué el fútbol americano es definitivamente uno de los ¡MEJORES DEPORTES DE LA ESCUELA SECUNDARIA!

GLOSARIO

ataque: El equipo que posee el balón para intentar marcar.

clasifique: Que cumpla los requisitos de una competencia.

defensa: Defender una portería contra el equipo contrario.

despejes: Alejar el balón de una patada.

evolucionaron: Que ha cambiado poco a poco.

obligatorios: Exigidos por el reglamento.

postes de la portería: Postes en la zona de anotación que forman una «u».

rugby: Juego de equipo que se practica con un balón ovalado, el cual se puede patear, llevar o pasar.

tacos: Zapatos especiales con tacos en la parte inferior para agarrar mejor el pasto o la arena.

torneos: Serie de concursos o partidos jugados entre equipos competidores.

ÍNDICE ANALÍTICO

Camp, Walter: 7
casco(s): 5, 20, 21
defensa: 16, 18, 19, 24
equipo(s) universitario(s): 10, 11
mariscal(es) de campo: 7, 14-16, 24
ofensiva(s): 14, 18, 19, 23, 24
punto(s) extra: 13, 18
torneo(s): 26, 29

SITIOS WEB PARA VISITAR

https://kids.kiddle.co/High_school_football

https://www.gripboost.com/blogs/blog/5-fun-facts-about-your-favorite-sport-football

https://www.dkfindout.com/us/sports/football/

SOBRE EL AUTOR

Thomas Kingsley Troupe

Thomas Kingsley Troupe es el autor de muchísimos libros para niños. Ha escrito sobre todo tipo de temas, desde fantasmas hasta de Pie Grande, y de hombres lobo de tercer grado. Escribió incluso un libro sobre la suciedad. Cuando no está escribiendo o leyendo, hace mucho ejercicio y se acuerda de cómo derribaba mariscales de campo contrarios cuando estaba en el equipo de fútbol de la escuela secundaria. Thomas vive en Woodbury, Minnesota, con sus dos hijos.

CRABTREE Publishing Company

Written by: Thomas Kingsley Troupe
Designed by: Jennifer Dydyk
Edited by: Kelli Hicks
Proofreader: Ellen Rodger
Translation to Spanish: Santiago Ochoa
Spanish-language layout and proofread: Base Tres

Photographs: Cover images from Shutterstock.com—background pattern (and pattern throughout book © HNK, football on cover and title page © Billion Photos, cover photos of players © JoeSAPhotos. Also from Shutterstock.com: Page 8 © Larry St. Pierre, Page 9 © Poznyakov, Page 10 © Jim Lopes, Page 11 both photos © JoeSAPhotos, Page 12 © Alesandro14, Page 15 bottom photo, Page 17 top photo © JoeSAPhotos. Following images from Dreamstime.com: Page 4 inset photo © Molly Williams, Page 6 football © Gualtiero Boffi, Page 13 top photo © Sports Images, bottom photo © Danny Hooks, Page 15 both top photos © Sports Images, Page 17 cornerback © James Boardman, line backer © Paul Topp, defensive line © Sports Images, Page 18 © Michael Turner, Page 19 © Sports Images, Page 20 and 21 © Molly Williams, Page 23 top photo © Joe Sohm, bottom photo © Noriko Cooper, Page 24 © Sports Images, Page 25 top photo © Yobro10, Page 27 Stefan Dahl, Page 28 © Molly Williams, Page 29 both photos © Robert Philip. Following images from istock by Getty Images: Pages 4-5 background image © Kalawin, Page 5 football © Gizelka, Page 22 © Manuel-F-O, Page 25 bottom photo © archideaphoto. Page 7 top photo courtesy of the Library of Congress

Library and Archives Canada Cataloguing in Publication

CIP available at Library and Archives Canada

Library of Congress Cataloging-in-Publication Data

CIP available at Library of Congress

Crabtree Publishing Company
www.crabtreebooks.com 1-800-387-7650

Printed in the USA/062022/CG20220124

 In Canada: We acknowledge the financial support of the Government of Canada through the Canada Book Fund for our publishing activities.

Published in the United States
Crabtree Publishing
347 Fifth Avenue, Suite 1402-145
New York, NY, 10016

Published in Canada
Crabtree Publishing
616 Welland Ave.
St. Catharines, Ontario L2M 5V6